てのひらのちきゅう

やさしいピアノアレンジで楽しむ

作詞・谷口國博
作曲・新沢としひこ
ピアノアレンジ・本田洋一郎

チャイルド本社

はじめに

作詞 谷口國博

ぼくは、日本アルプスに囲まれた信州で育ちました。春には、れんげ草が咲き誇る野原で寝転び、夏は、川で魚とりや蜂の巣とり。秋は、父親に誘われてきのこ狩り、そして冬は、雪だるま・かまくら作り。四季折々、さまざまな遊びをしていました。なかでも、特に夢中だったのは、野鳥の巣探し。やぶをかき分け、くもの巣に引っかかりながら進んで行き、ようやく見つけた鳥の巣にいた、あのかわいいヒナの姿はいまでも忘れられません。こんな原体験がぼくの体を包んでいます。

子どもたちに伝えたい、ぼくのメッセージのひとつに「自然」があります。「自然」に触れて育ったお陰で、ぼくはいろんなことを学びました。だからなおさら、子どもたちに見てほしい、触れてほしい、感じてほしい「自然」が山のようにあります。

今回この企画で、あこがれていた新沢さんと仕事ができたこと、そして大好きな「自然」をテーマにできたこと、本当にうれしく思っています。

この小さな楽譜集を手にとり「地球のこと」「環境のこと」「自然のこと」「生き物のこと」「命のこと」、少しでも子どもたちが感じてくれたらうれしく思います。

作曲 新沢としひこ

ぼくはシンガーソングライターで作詞も作曲もするのですが、なぜか作詞だけの仕事の方が多く、他の人によく曲をつけてもらいます。でも、本当はメロディーを作るのが大好きなのです。今回たにぞうくんから「いっしょに歌を作りましょう」と声をかけてもらったときに「ぜひ、曲をつけさせて！」とお願いをしたくらいですから。

毎回、たにぞうくんから新しい歌詞が届くのがぼくはとても楽しみでした。子どもたちがうたえるように作ったつもりですが、いわゆる童謡調のものは一曲もできず、ぼくが今うたいたいメロディーの歌がたくさんできました。自分では気に入った歌ばかりです。

たにぞうくんの書いた歌詞が自然をテーマにしたからでしょうか、力強い作品がたくさん生まれました。これは自分でも意外なことで、もっと優しくかわいらしいものができると思っていたのですが、パワフルで勢いのある歌がそろって、うたっていて気持ちのいいものばかりになりました。みなさんにも大きな声で、気持ちよくうたっていただけたら幸いです。

もくじ

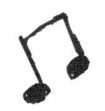

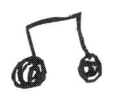

きらきらと

作詞●谷口國博
作曲●新沢としひこ
ピアノアレンジ●本田洋一郎

♩=110
Em C D G D/F♯ Em C Dsus4 D
きみと
G D F C
さ か み ち を の ぼ れ ば こ の さ き に も り が ま っ て る ん だ あ と
さ か み ち を の ぼ れ ば こ の さ き に う み が ま っ て る ん だ あ と

Cm G Am D7 G
もうすこしさきみと てをつないでいこう！
もうすこしさきみと うたうたっていこう！
OH！——
Em C Dsus4 D Em C Dsus4 D
きみといっしょなら OH！—— どこにでもいけるのさ OH！——
Em C Dsus4 D Em C Dsus4 D
きみがいるだけできらきらとこのせかいはか
F Dsus4 D 𝄋 C Dsus4 D
がやいている きらきらとひかる このち

G D/F♯ Em A7 C Bm7 Am7
きゅうのうえ ぼくたちはあるい
Dsus4 D C Dsus4 D
ているー きらきらとひかる ちきゅう
G D/F♯ Em A7 C D7
to Φ
にうまれて きみにあえてよかっ
1.
Cmaj7
たー きみと
2.
F Dsus4 D
たー きらき
D.S.

保育をしていたころ、よく散歩に出かけた。「まだ　歩くの？」って子どもたちに聞かれるくらい遠くまで歩いたこともあったけど、みんなで手をつないで歩いていると、どこまでも行けるような気がした。仲間って本当にいいもんだ。友達って本当にいいもんだ。

たにぞうくんの歌詞の「きらきら」という言葉に、ぼくは力強さを感じました。晴れ晴れと気持ちよくうたい上げる、大きな歌にしたいと思い、このようなメロディーになりました。大きな声で、元気よく歌ってくださいね。

あのそらのしたへ

作詞●谷口國博
作曲●新沢としひこ
ピアノアレンジ●本田洋一郎

♩=140
B♭ F G B♭ F G
B♭ F G Dsus4 D7
G F C G
こ の つ よ い か ぜ に せ な か お さ れ て ー
こ の つ よ い あ め に ま け な い よ う に ー

G
ー おもいきりぜんりょくではーし
ー おもいきりぜんりょくであーる
F C D7 G
ってみーたらー からだがふわっとそ
いてみーたらー こころがぐっとつ
G F C G
らにとべそうなきがしたーー
よくなったよなきがしたーー
G C E♭ G
このかぜこのそらきょうはぜーんぶぼくのもの

G
C7
YEAH!
そ の コ ツ を ー ー
G7
F
つ か ん だ ら ー
き っ と あ ー し た は
F
Dsus4
D
そう SO!
と べ る ー の さ ー
G
C
G
F
C
は し り だ せ は し り だ せ
あ る き だ せ あ る き だ せ
も っ と も っ と じ ぶ ん を

G
C G
しんじて
はしりだせ はしりだせ
あるきだせ あるきだせ
あ
C
E♭
to⊕
1.
G
のそらのーしたへー
ー
G
2.
G
Am/G
ー
ー
B♭ F G
B♭ F G

「思いきり全力で走ってみたら」という言葉を読んだとき、これは歌を聴いたときに「全力で走りだしたくなる」ようなかっこいい曲にしたい、と思いました。そう言えば大人になってから、全力で走ることってないよなあ……。

大人になると「全力」ってなかなか難しいですね。子どものころは、いつもなにかやるのに「全力」だったような……。「そんな大人になっちゃいけないぞ！」って自分に書いたような詞ですね。あっはははは……（泣）

クローバー

作詞●谷口國博
作曲●新沢としひこ
ピアノアレンジ●本田洋一郎

♩=90
Em Cmaj7 G D Cmaj7
G D Em
きみのまち がみー え る く さ は ら で ー ぼくはずっ とずー っ と さ
Cmaj7 Dsus4 D Bm7 Em7 Em7/D
が し て る ー きみのだー い す き な ク ロー バー ー

Cmaj7 Bm Am7 C/D D G
きょうはずっ と さ が し て る
しあわせー を は こ ぶ ク
オレンジー い ろ の そ ら
D Em Cmaj7 Dsus4 D
ロ ー バ ー ー
の し た で ー
ぼくはずっ とずー っ と さ が し て る ー
ぼくはずっ とずー っ と さ が し て る ー
Bm7 Em7 Em7/D Cmaj7 Bm
しあわせー よ つ ば の ク ローバーー
いちばんー ぼ し も か お だした ー
きょうはずっ と さ が し て
きょうはずっ と さ が し て
Dsus4 G D
る
た
あしたはと くべー つなー

Em Bm/D C G/B Am7 D Em D/F♯
きみのたんじょうびだ からー し あわせをはこぶクロー バーー ぼ くからきみへ プレ ゼンート
G D Em G/D Cmaj7 Am7 C/D
きみのえが おをー ただ み たいからぼ くかー らの ぼ く か ら の プ レ ゼ ン
1.
Cmaj7 G D Em7 C
ト
Cmaj7
2.
Cmaj7 Em7 Bm
ト

C G Em Bm7 F C
Dsus4 F Dsus4 D
G D Em C Am7 G/B
あしたはと くべー つなー きみのたんじょうびだ からー し あわせをはこぶクローバーー ぼ
C D Em D/F♯ G D Em Cmaj7
くからきみへ プレ ゼンート きみのえが おをー ただ み たいからぼ くかー らの ぼ

大好きな人へのプレゼントは、やっぱり野に咲く花のようなものがいいなあ～。お日様のにおいのするプレゼント。
気に入ってくれればいいのだけれど……。
なんちゃって！

アコースティックギターで、軽やかにさわやかにうたうイメージでメロディーをつけました。クローバーの草のにおいがするように、フォークソングっぽくうたうといいと思います。ロマンティックでかわいらしい歌詞ですよね！

きみのあしおと

作詞●谷口國博
作曲●新沢としひこ
ピアノアレンジ●本田洋一郎

♩=88
F C B♭ F
B♭ F Csus4 C B♭maj9
ぽちゃぽちゃたんぼにふるあめ
ぴちゃぴちゃやねからふるあめ
C/B♭ Am Dm7 Dm7/C
のおとはー まるでけんばんのハーモニー
のおとはー トライアングルのおとがする

B♭maj9
C/B♭
Am
ぽちゃぽちゃはやしにふるあめのおとはー
ぴちゃぴちゃなってるきみのあしおとでー
まるでもっきんのおとがす
ぼくのこころははずんでく
Dm7
Dm/C
B♭
C
F
C/E
Dm7
B♭
C
る
る
あめのふるこんなひにはすてきなー
うたがきこえてく
F
B♭
C
F
C/E
Dm7
Gm7/C
C
る
ながぐつはいてかさしてー
くちぶえふいてあるいてみ
1.3.
B♭add9
F
C
B♭
F
る

ぼくの生まれた町は、田んぼや林が多かった。今回、雨の歌を作りたい！と思ったら、自然と生まれた町の雨の音が聞こえてきた。子どものころ聞いていた雨の音を思い出したんですね。やっぱり原体験というのは大切です。だから、なおさら子どもたちにこういう歌を聞いてほしいですね。新沢さんの曲がまた、すばらしい！

雨粒がひとつずつ降ってきて、どこかに当たって跳びはねているようなつもりで、メロディーを作りました。そのせいで、音がピョンピョン跳んで、もしかしたら、うたうのが難しいかもしれません。でも、あんまり音程は気にせず、これは雨粒が跳び散っている歌なんだと思って、楽しくうたってくださいね。

なつがくる！

作詞●谷口國博
作曲●新沢としひこ
ピアノアレンジ●本田洋一郎

♩=93 (♫ = ♪♪ 3)
D7
Em7
Asus4
A
きのうにわのすみっこにー あ
Am/D
D
G
D
Em7
さがおのたねをうえましたー ちいさなちいさな
Asus4
A
Am7/D
D7
G
たねだけどー いつかりっぱなはながさくー
gliss.

G B♭ C
G Em7 Asus4 A
きのういえのやね のしたー
きのうたんぼのあぜ みちでー
Am/D D G D Em7
つばめのひながか お だしたー ちいさなちいさな
かえるがうたをう たっ ていたー ちいさなちいさな
Asus4 A Am/D D G D
はねだけどー いつかじゆうにそ ら をとぶー
うただけどー いつかおおきなう た になるー

G C D7 G D/F♯ Em7 A7
このちきゅーうでうーまれてー このちきゅーうにい
C C/D D7 G C D7 G D/F♯
きているー ぼくらとーおなじーようにー

あさがお

Em7 A7 to⊕ 1. Am E♭ F G7 C
な つ が く る の を ま っ て い る ー
D7 G Em7 A7 Am7 E♭ F
2. Am G G C
っ て い る ー こ の ち きゅ ー う で う
D G D/F♯ Em7 A C C/D D
ー ま れ て ー こ の ち きゅ ー う に い き て い る ー

小さいけれど力強い命の歌だなあ、と歌詞を読んで思ったので、マーチをイメージして曲を作りました。マーチと言っても2拍子のシンプルなものではなく、8分音符ばっかりの、しかも時々16分音符の交ざるメロディーですが、そんなに複雑な歌じゃないから大丈夫。元気にうたってみてください。

小学校で、あさがおの種をまいたとき。毎日観察日記をつけるけど、ぼくの植木鉢だけ、芽が出ないんだよね。いくつも種をもらい直して、ようやく芽が出る。この時期になると決まってよみがえる、ちょっと悲しい思い出。みんながまいたいろんな種は、きちんと芽が出るといいなぁ。

あきのうた

作詞●谷口國博
作曲●新沢としひこ
ピアノアレンジ●本田洋一郎

D
G
きょ うは のん びりーと く さは らに ねこーろ んでー
A
G
A7
D
A7
ゆ うや けの そらーを ひ とり なが めてみる の さー
D
G
きょ うは のん びりーと べ ラン ダに ーすーわ っ てー
きょ うは のん びりーと へ ーや ーの まどをあ け てー
A
G
A7
D
A7
い ちば ーん ぼし ーを ひ とり さが してみる の さー
あ きの むし のうたを ひ とり きい てみーる の さー
かぜ が

F♯ G E/G♯ A
やさしくのはらのはなをー ゆらしている つきは
F♯ G E/G♯ A
やさしくのはらのはなをー てらしている これが
Em7 A6 1. D A7
ぼくのすきな あきのうた
G G♯dim D/A B7

心の落ち着きを実感する目安のひとつが、空を見ているとき。毎日いろんな雲や空が違った表情を見せてくれる。日々保育で忙しいけれど、たまにはのんびりと空でも眺めてみましょう。きっと忘れていたことや、大切なことが、心の中にやってくるかもしれませんよ。

ぼんやりと夕焼けを見たり、一番星を探したり、虫の声を聴いたり、そういうことってしなくなりましたね。子どものころは、そんなことばっかりしていた気がするんだけど。本当は一番大事なことかもしれないのにね。

僕のポケットのなか

作詞●谷口國博
作曲●新沢としひこ
ピアノアレンジ●本田洋一郎

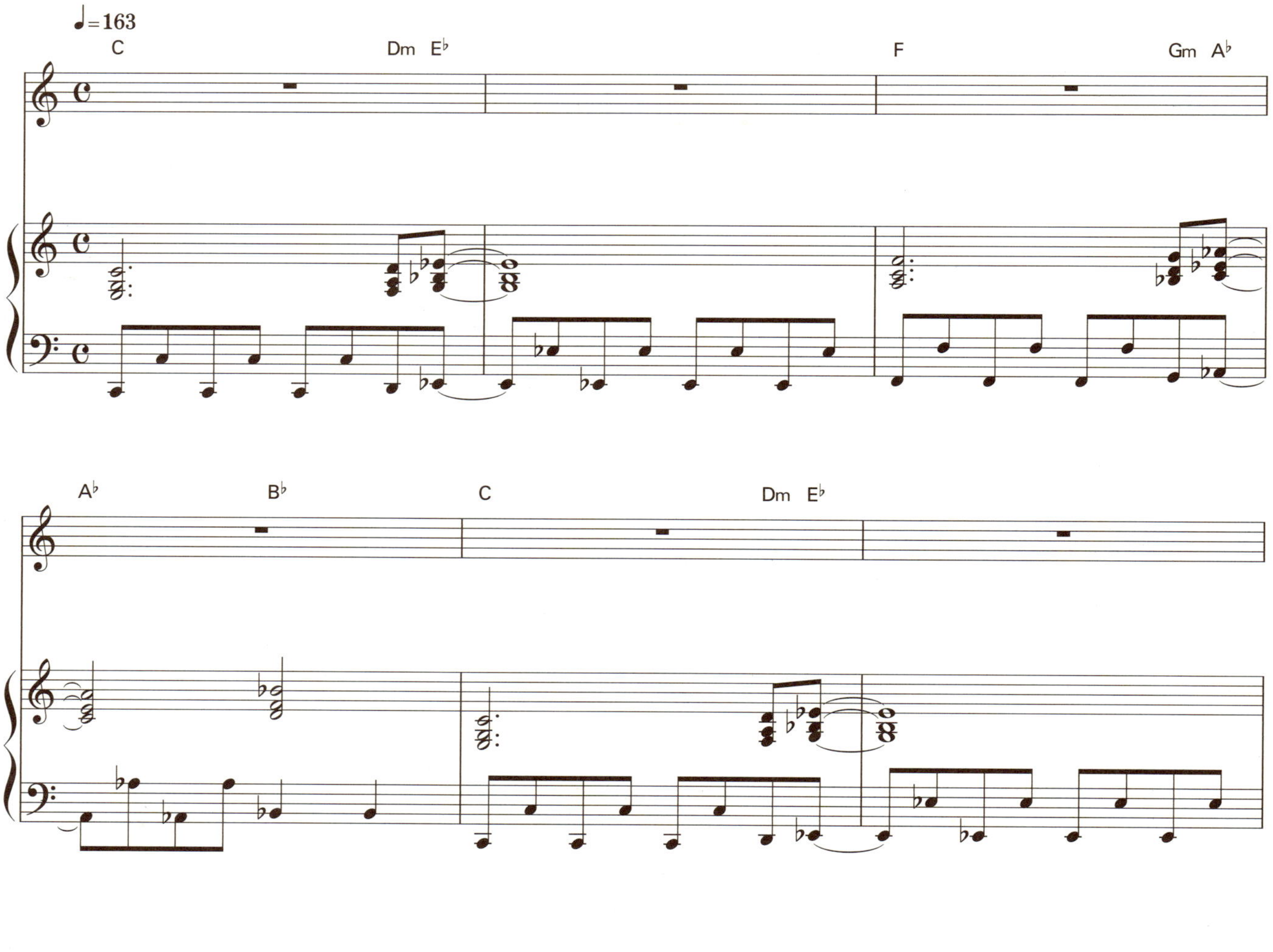

F Gm A♭ B♭
Fmaj7 G C G/B Am Am/G
も り の な か で み つ け た
F G C C7
あ か い ろ き の み が ひ と つ
Fmaj7 G C G/B Am Am/G
ぼ く の ポ ケッ ト の な か ー で

F G A♭6 B♭
ブ ラ ン コ し て あ そ ん で る
Fmaj7 G C G/B Am Am/G
も り の な か で み つ け た
も り の な か で み つ け た
F G C C7
き い ろ の き の み で ふ た つ
ちゃ い ろ の き の み で み っ つ
Fmaj7 G C G/B Am Am/G
ぼ く の ポ ケッ ト の な か ー で
ぼ く の ポ ケッ ト の な か ー で

F G A♭ B♭
シーソーしてーあそんでる
おにごっこしてあそんでる
C C/E F
ぼくのポケットのなかはー
F Em Dm F
ーいろんないろのきのみた
Em F G C C/E
ちがーーぼくのポ

C/E F Em
ケッ ト の な か で ー ー
Dm G7 to F A♭
コ ロ リ ン コ ロ リ ラ ル ー ラ ル ラ
A♭ B♭ 1. C D E♭
ー
F G A♭ B♭ C D E♭

子どもたちといっしょに散歩に行くと、いろんな物を集めてきますね。どんぐりだったり、まつぼっくりだったり……。いろんな物でポケットがいっぱいになります。子どもたちには、そんな自然のプレゼントをたくさん見つけてほしいですね。そして、そんな環境がいつまでも子どもたちの隣にあることを、ぼくはいつも願っています。

ぼくも子どものころ、木の実や石ころや貝殻など、小さな物を拾って集めるのが大好きでした。集めて、それをどうするでもないんですけど、拾って集めること自体がとても楽しかったんですよね。そんな気持ちは今でも大切にしたいな、と思っています。

ノビタキ

作詞●谷口國博
作曲●新沢としひこ
ピアノアレンジ●本田洋一郎

♩=98
B♭ F/A Gm Fm7 B♭7 E♭ Dm
Cm7 Cm7/F B♭ F/A Gm Dm/F
せ い た か あ わ だ ち そ う に ー ノ
E♭maj7 Dm7 Cm7 E♭/F F7 B♭ F/A
ビ タ キ が や っ て き た
ちゃ い ろ い ぼ う し か

Gm Fm B♭ E♭maj7 Dm7 E♭maj7
ぶったーだるまみたいなかおをして
E♭/B♭ B♭ F/A Gm Dm/F E♭maj7
F7 B♭ F/A Gm Dm/F
ひっちくひっちくひっちくなきながらーセッカに
きたかぜーがふくころにーふゆ
E♭maj7 Dm7 Cm7 E♭/F F7 B♭ F/A
おわれてやってきたしろいひーげのす
のししゃといれかわりノビタキーはとん

Gm Fm7 B♭7 E♭maj7 Dm7 Cm7 E♭/F F7
す き に ー ー ち い さ な か ぜ が と ま っ た
で い く ー み な み の あ た た か な か ぜ に
E♭ B♭ F Gm Gm/F E♭ B♭
ち い さ な こ の と り が う み を わ た っ て い
F Gm E♭ B♭ F Gm Gm/F
く ち い さ な こ の い の ち が う み
E♭ F to 1. E♭maj7
の む こ う へ と と ん で い く

「ノビタキ」という鳥の名前は知っていましたが、実は姿はちゃんと知りませんでした。「セッカ」に至っては今回初めて名前を聞きました。たにぞうくんは鳥博士ですからね。これからもいろいろな鳥のことを教えてもらいたいです。明るくさわやかにうたってほしい歌になりました。

夏に高原で見られるノビタキが、繁殖を終えて南の国へ渡る途中ぼくの住む街に立ち寄る。高原の鳥が近くで見られるものだから、一目会えただけでぼくは興奮する。あの小さな体で海を渡っていくと思うと、なんだか胸も熱くなる。自然は、いつもぼくたちに感動をくれるんだよね。

ほかほかの

作詞●谷口國博
作曲●新沢としひこ
ピアノアレンジ●本田洋一郎

Em Em/D C♯m7(−5) Am7 Dsus4 D
ほかほかの ふとんのうえにつ つまれてる
ほかほかの ふとんにおとがけ されている
ほかほかの ふとんがぼくをつ つんでいく
Cmaj7 D7 Bm7
ほかほかの ゆきがふる ほかほかのし
しんしんと ゆきがふる ざくざくとだ
ほかほかの ゆきがふる ほかほかのし
Em Cmaj7 D
ろいゆきが まちのことこ のせかいを
れかがいく まちのおとこ のせかいの
ろいゆきが まちのことこ のせかいを
Bm7 Em 1. Am7 G/B C A7 Dsus4 D
ぜんぶしろいろに そめていく
ぜんぶのおともな だーらかに
ぜんぶしろいろに そめていく

ぼくは、大人になるまで信州で育った。小さいころはよく雪に泣かされたし、雪に楽しませてももらった。雪の朝は、特別いつもとは違った。雪が、いつもの景色を変えてくれるんだよね。あの、さまざまな色や物を白くしてくれる雪が好きだったなあ……。

朝起きて窓の外を見ると一面真っ白だったときの衝撃的な感動は、いくつになっても変わらないですね。東京では積もるほど雪が降ることも、なかなかなくなってしまいました。電車が止まったりして大人は大変だけど、やっぱりたまには降ってほしい雪なのでした。

はしるよ！ きかんしゃ

作詞●谷口國博
作曲●新沢としひこ
ピアノアレンジ●本田洋一郎

Dm7
A7
A7
で ぼ く ら を
ま っ て る ひ と が い る
で ぼ く ら を
ま っ て る ひ と が い る
で ぼ く ら を
ま っ て る ひ と が い る
B♭maj7
Fmaj7
Dm7
C
ほっ ほっ ほっ と し ろ い け む り
あ が る よ き か ん しゃ ー
B♭maj7
Fmaj7
Gm
to Φ
1.
B♭
ほっ ほっ ほっ と は き な が ら ー
は し る よ! き か ん しゃ ー
Dm7
B♭maj7
A7
Dm7

ぼくは高校生から30歳くらいまで線路脇に住んでいました。電車の音を聞きながら生活していたのです。だからでしょうか？　機関車が煙を上げて走っていくこの歌詞が届いたとき、なんだか懐かしい気持ちになりました。列車が走っている感じが出たらうれしいです。

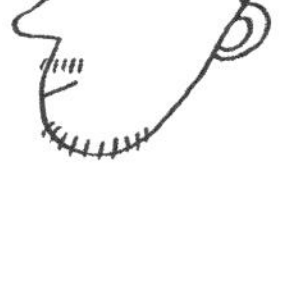

寒くなってくると、白い息が出るでしょ。小学校のとき、ぼくは冬のマラソン大会で、自分を人間機関車だと思い込んで、まだ走れる、まだがんばれる、って自分に言い聞かせながら走っていた。結果は、ぼちぼちだったけど、冬になると思い出すなぁ。

みみをすませば

作詞●谷口國博
作曲●新沢としひこ
ピアノアレンジ●本田洋一郎

A D7 Em7 G/D
が そらにかがや く こんなさむ
の そらがかがや く こんなさむ
し ほくとしちせ い みかづきそら
Cadd9 Bm7 Am7
い ふゆのよる は
い ふゆのよる は
で ひかってい る
Dadd9 A D7
じっとじっ と みみをすませ
じっとじっ と みみをすませ
じっとじっ と みみをすませ
Em7 G/D Cadd9
ば そらのうた が
ば シカのうた が
ば つきのうた が

Am7/D
G
D
き こ え て く る い
き こ え て く る い
き こ え て く る い
G
Bm7
Cmaj7
(𝄋) ち め ん ゆ き の ぎ ん せ か い ー
ち め ん ゆ き の ぎ ん せ か い ー
ち め ん ゆ き の ぎ ん せ か い ー
Dadd9
G
Bm7
ー ほ し が や さ し く う た
ー シ カ が や さ し く う た
ー つ き が や さ し く う た
Cmaj7
Baug
B
Em
っ て る ー ー
っ て る ー ー
っ て る ー ー
い ち め ん ゆ

Em/D♯ to ⊕ G/D A7
き の ぎ ん せ か い ー ー か
C D 1.2. G
ぜ が や さ し く う た っ て る ー
D/F♯ Em G/D
ー
3
Cmaj7 Am7/D 3. G D
むらさきいろ
オリオンのほ
っ て る ー ー い
D.S.

都会で生活していると、騒音の方に慣れてしまって静かな物に耳を傾けるということを忘れてしまいがちです。最近、静かなときになにか耳を澄ませたりしたかな？　と考えてしまいました。曲を作るときに、心の中に浮かぶメロディーに耳を傾けることはありますけどね。

ぼくの生まれた信州の冬の星は、そりゃあ、きれいだったなあ……。流れ星を見るたびにじっと空を眺めた。キラキラ……。
大きな流れ星を見たときの感動は今でも覚えている。綺麗なものを見て育つと、ぼくみたいに心まで綺麗になるんですねって違うかっ！

みーつけた

作詞●谷口國博
作曲●新沢としひこ
ピアノアレンジ●本田洋一郎

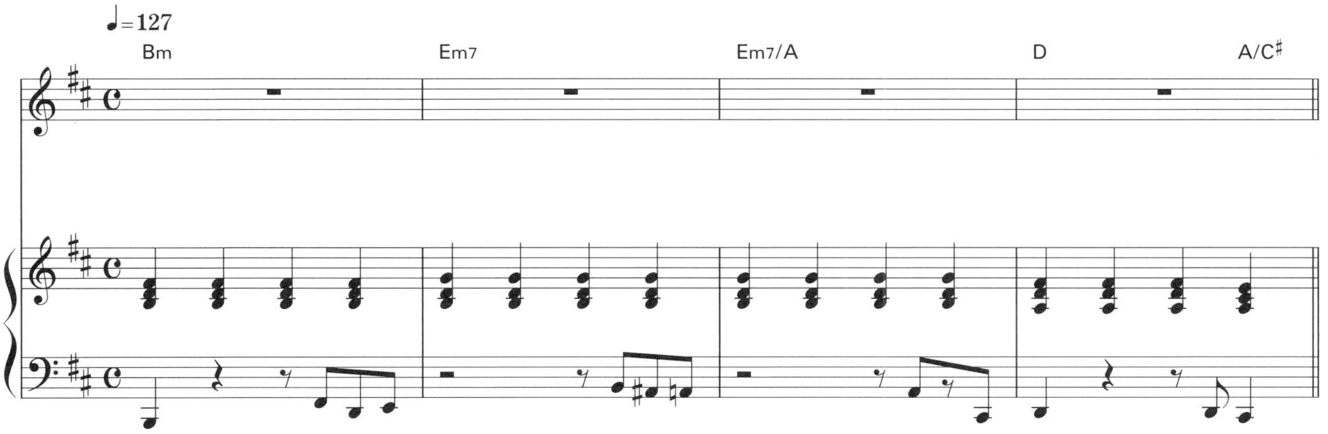

Bm Em7 Em7/A D
きのうこうえんの ーすみでー ちいさなはなをみ ーつけたー
ほどーうーきょうの ーしたでー ちいさなはなをみ ーつけたー
たんぼにつづくあ ぜみちでー ちいさなはなをみ ーつけたー
Bm Em7 Em7/A D
かぜにゆれている ーオオイーヌノフ ーグリみーつけた ー
かぜにゆれている ーレンゲーソウの ーはなみーつけた ー
かぜにゆれている ーハルジーオンの ーはなみーつけた ー
はるは
G/A Dmaj7 F♯7 Bm7
ーかぜーにのーって ぼくのーまちーにやってくる はるは
Em7 D/F♯ G/A A
ーかぜーにのーって きみのまちにもやってくる みつけた

G A/G G A/G
ー ー み つ け た ー ー ち い さ な
G A/G Em7 Em7/A
ー は る を み￣ つ け た ー み つ け た
D A Bm Gmaj7
ー ー み つ け た ー ー ち い さ な
D A Gmaj7 to 1.2.
ー は る を み￣ つ け た ー

子どものころ「ちいさい秋みつけた」（作詞／サトウハチロー　作曲／中田喜直）という歌が大好きでした。たにぞうくん、その平成版春バージョンに挑戦したんだなあ、と感心。似た路線に行かないように、軽快なポップスにしてみました。うたってみてください。

東京では、3月初めごろになるとオオイヌノフグリが花を咲かせ始める。保育中に、「春探し散歩！」といってよく河原を歩いた。「春を見つけたら10点！」というくだらない遊びに子どもたちもよくついてきてくれた。どんなに寒い冬の年だって、花たちはきちんと咲いてくれる。春は、すごいなあ…。

このちきゅうにうまれて

作詞●谷口國博
作曲●新沢としひこ
ピアノアレンジ●本田洋一郎

♩=105
Gmaj9
D/C
D/C
Gadd9
Am7
た か い た か い そ ら の う え で ひ ば り
ひ ろ い か ぜ の な か で す み れ

Dsus4 D Bm7 E
がきょうもうたってる おひさ まにまけないくら
がきょうもさいている つよい かぜにまけないく
Am7 Am/D D7 Gadd9
い きらき らかがやいている あおい
らい きらき らかがやいている まるい
Gadd9 Am7 Dsus4 D
あおいなみのうえ を イルカ がきょうもおよいで
まーるいちーきゅう で ぼくら がきょうもあるいて
Bm7 E Am7
る あおい うみにまけないく らい きらき
る おおき なゆめをさがしー て きらき

Am7/D
G
Cmaj7
D/C
らかがやいている
らかがやいている
このちきゅうにうまれて
D/C
Bm7
Em7
ー このちきゅうにつつまれてー みん
Am7
D7
to
1.
Gsus4
ながんばってー このちきゅうでいきている
G
Cmaj7
ー
ひろい

うたうときに背筋がすっと伸びるような、そんな雰囲気の歌になりました。なだらかなメロディーは静かな感じがするかもしれませんが、実は力強いメッセージ性の高い歌です。誇り高く、胸を張ってうたってくださいね。

春になると近所の多摩川ではヒバリがうたい始める。にぎやかなあの歌から、ぼくはいろんなことを教わっている気がする。もっと、もっと輝かなきゃいけないなあ……って。

てのひらのちきゅう

作詞●谷口國博
作曲●新沢としひこ
ピアノアレンジ●本田洋一郎

Emaj9 E7(♯9) Am7
きみのてのひらにかくれてる ちい
ぼくのてのひらにかくれてる ちい
きみのてのひらにかくれてる ちい
Fdim7/E E7(♯9) Fdim7/E Am
さなたねはー いつかきっとこのちきゅうをかえてい
さなとりはー いつかきっとこのちきゅうをかえてい
さなゆめはー いつかきっとこのちきゅうをかえてい
E7 Am
くんだー いろんなはながそっとそっと かぜ
くんだー いろんなうたがそっとそっと かぜ
くんだー いろんなゆめがそっとそっと かぜ
Fdim7/E E7(♯9) Fdim7/E Am7
にゆられてー このだいちを つつんでー いく
にゆられてー このだいちを つつんでー いく
にゆられてー このだいちを つつんでー いく

E7
YEAH !
YEAH !
YEAH !
E
G♯m7
きみ が にぎってるー てのひら
Amaj7
E
A
E
Fdim7/C♯
F♯m7
F♯m7/B
の ちきゅう がー この せかいを かえる のさー きみ
E
G♯m7
Amaj7
E
A
E
Fdim7/C♯
to Φ
が にぎってるー てのひら の ちきゅう がー これからのせかい
1.2.
F♯m7
F♯m7/B
E
になるのさ ー
3.
F♯m7
F♯m7/B
になるのさ

C♯m7 G♯m7 Amaj7 Emaj7 F♯m7 G♯m
ー
A F♯m7/B
きみ
E G♯m7 Aadd9 Eadd9
が にぎってるー てのひら の ちきゅう がー
Aadd9 E Fdim7/C♯ F♯m7 F♯m7/B B E G♯m7
こ の せかいを かえる のさー きみ が にぎってるー てのひら

「地球」って大きいけれど、それを包んでいるもの、一つひとつは、小さいもの。ぼくたちの手のひらに乗るような「小さなもの」が、この世界を変えていく。この曲は新沢さんのスタジオで直接、ピアノでうたっていただいた。すばらしかった。あの「思い出」がぼくの宝物。

途中で大胆に転調する不思議な歌になりました。これは自分としても冒険だったのですが、結果うたうととても気持ちのいいナンバーになりました。タイトルにふさわしい歌になったと思います。ぜひ大きな声でみんなでうたい上げてください。

著者紹介

谷口國博

東京都の保育園に5年間勤務した後、フリーの創作あそび作家に。全国の保育園・幼稚園の先生向け講習会、コンサートなどで活躍中。『はしれ!ジャイアント!』（オフィスたにぞう）、『たにぞうの手あわせあそびおねがいします』（チャイルド本社）、絵本『スダジイのなつ』『おじさんとすべりだい』（ひさかたチャイルド）ほか、著書やCDなど多数。

NHK教育テレビ「からだであそぼ!」「おかあさんといっしょ!」楽曲提供。CM「キユーピーたらこ」振り付けを提供するなど幅広く活動している。

ホームページ　http://www.tanizou.com

新沢としひこ

1963年生まれ。東京・豊島区の保育園で保育者を経験後、1987年より月刊『音楽広場』（クレヨンハウス）に毎月歌を連載し、CDや楽譜集を発表する。代表的な楽曲の一つである「世界中のこどもたちが」は小学校の音楽の教科書に採用されている。

現在はソロ・コンサートおよびジョイント・コンサート、保育者向け講習会の講師、講演会と、年間多くのステージをこなすかたわら、CD制作、雑誌への寄稿、絵本の出版など、マルチに活動している。

ホームページ　http://www.ask7.jp

表紙画／村上康成
表紙デザイン／メルクマール
本文デザイン／竹内玲子
本文イラスト／井上コトリ
楽譜制作／クラフトーン
楽譜校正／高松紫音
編集協力／青木美加子
編集担当／石山哲郎 飯島玉江

やさしいピアノアレンジで楽しむ
てのひらのちきゅう

2010年11月 初版第1刷発行
著者／新沢としひこ　谷口國博
発行人／浅香俊二
発行所／株式会社チャイルド本社
〒112-8512 東京都文京区小石川５－24－21
電話：03-3813-2141（営業）03-3813-9445（編集）
振替：00100-4-38410
〈日本音楽著作権協会 （出）許諾第1013204-001号〉
印刷所／共同印刷株式会社
製本所／一色製本株式会社
ISBN／978-4-8054-0174-3
NDC 376 64P 30.2×22.8